Zur Geschichte von Günters Maßstab und Rechenschieber im 17. Jahrhundert

Florian Cajori

Writat

Diese Ausgabe erschien im Jahr 2023

ISBN: 9789359257938

Herausgegeben von
Writat
E-Mail: info@writat.com

I.
EINFÜHRUNG

In meiner Geschichte des Rechenschiebers [1] und meinem Artikel über seine Erfindung [2] wird gezeigt, dass William Oughtred und nicht Edmund Wingate der Erfinder ist, dass Oughtreds kreisförmiger Maßstab 1632 und sein geradliniger Maßstab 1633 in gedruckter Form beschrieben wurden Richard Delamain soll versucht haben, sich die Erfindung anzueignen [3] und eine skurrile Broschüre gegen Oughtred geschrieben haben . Alle unsere Informationen über Delamain wurde von De Morgan übernommen, [4] der jedoch keinen Beweis dafür liefert, dass er irgendeine von Delamains Schriften über den Rechenschieber gelesen hat. Durch Dr. Arthur Hutchinson vom Pembroke College in Cambridge erfuhr ich, dass Delamains Schriften über den Rechenschieber verfügbar waren. In diesem Artikel werden Folgendes gegeben: Erstens einige Einzelheiten zu den Änderungen, die Edmund Wingate, Milbourn, Thomas Brown, John Brown und William Leybourn im 17. Jahrhundert an der Gestaltung von Günters Skala vorgenommen haben ; zweitens ein Bericht über Delamains Buch von 1630 über den Rechenschieber, das vor Oughtreds erster *Veröffentlichung entstand* (obwohl Oughtreds Erfindungsdatum früher liegt als das Datum von Delamains angeblicher Erfindung) und über Delamains *spätere* Entwürfe von Rechenschiebern; drittens ein Bericht über die Kontroverse zwischen Delamain und Oughtred ; Viertens ein Bericht über ein späteres Buch über den Rechenschieber von William Oughtred und über andere Bücher über den Rechenschieber aus dem 17. Jahrhundert.

II.
INNOVATIONEN IM MASSSTAB VON GUNTER

VON WINGATE EINGEFÜHRTE ÄNDERUNGEN

Wir beginnen mit Anthony Woods Bericht über Wingates Einführung der Gunter-Skala in Frankreich. [5]

Im Jahr 1624 übertrug er die Proportionsregel nach Frankreich, die kurz zuvor von Edm erfunden worden war . Gunter of Gresham Coll. und teilte es den meisten der bedeutendsten Mathematiker mit, die damals in Paris lebten. Diese erkannten den großen Nutzen, der sich daraus ergeben könnte, und forderten ihn auf, den Gebrauch davon in französischer Sprache auszudrücken. Als dies entsprechend durchgeführt wurde, wurde ihm von Monsieur Alleawne , dem Chefingenieur des Königs, geraten, sein Buch Monsieur, dem einzigen Bruder des Königs, seitdem Herzog von Orleans, zu widmen. Dennoch erwies sich das besagte Werk als Fehlschlag (die Veröffentlichung wurde etwas beschleunigt, da ein Anwalt von Dijon in Burgund damit begann, einige Verwendungen davon zu drucken, was Wingate ihm freundlicherweise mitgeteilt hatte), insbesondere im Hinblick auf Gunter selbst, von dem er erfahren hatte erläuterte seine Verwendung in einem weitaus größeren Band. [6]

Günters Skala, die Wingate die „Proportionsregel" nennt, enthielt, wie in der französischen Ausgabe von 1624 beschrieben, vier Zeilen: (1) eine einzelne Zahlenzeile; (2) eine Tangentenlinie; (3) eine Sinuslinie; (4) eine Linie von einem Fuß Länge, unterteilt in 12 Zoll und Zehntel Zoll, außerdem eine Linie von einem Fuß Länge, unterteilt in Zehntel und Hundertstel.

Die englischen Ausgaben dieses Buches, die 1623 und 1628 erschienen, sind uninteressant. Die Ausgaben von 1645 und 1658 enthalten eine wichtige Neuerung. [7] Im Vorwort werden folgende Gründe genannt, warum dieses Instrument nicht häufiger verwendet wurde: (1) die Schwierigkeit, die Linien genau zu zeichnen, (2) die Schwierigkeit, daran zu arbeiten, aufgrund (manchmal) zu großer An Umfang des Kompasses,

(3) die Tatsache, dass das Instrument nicht leicht tragbar ist. Die Zeichnung von Wingates Anordnung des Maßstabs in den Ausgaben von 1645 und 1658 beträgt etwa 66 cm. (26,5 Zoll) lang. Es enthält fünf parallele Linien, etwa 66 cm. lang, jedes mit den Unterteilungen einer Linie auf der einen Seite und einer anderen Linie auf der anderen Seite. Somit trägt jede Linie zwei Abstufungen: (1) eine einzelne logarithmische Zahlenreihe; (2) eine logarithmische Zahlenreihe, die dreimal wiederholt wird; (3) die erste Skala wird wiederholt, jedoch beginnend mit den Teilungen, die sich etwa in der Mitte der ersten Skala befinden, so dass ihre Teilung 4, 5, 6, 7, 8, 9, 1, 2, 3 lautet; (4) eine logarithmische Zahlenreihe, die zweimal wiederholt wird; (5) eine logarithmische Tangentenlinie; (6) eine logarithmische Sinuslinie; (7) die Regel wird in 1000 gleiche Teile geteilt; (8) die Breitengradskala; (9) eine Linie von Zoll und Zehntel Zoll; (10) eine Skala, die aus drei Arten besteht, nämlich einer Messlinie, einer Akkordlinie und einem Fußmaß, unterteilt in 1000 gleiche Teile.

Wichtig sind die erste und zweite Skala, anhand derer die Kubikwurzelextraktion „nur durch Inspektion, ohne die Hilfe von Stift oder Zirkel" möglich war; ebenso die dritte und vierte Skala für Quadratwurzeln. Diese Innovation ist Wingate zu verdanken. In der Ausgabe von 1645 heißt es, dass das Instrument von Elias Allen aus Messing und von John Thompson und Anthony Thompson in Hosier Lane aus Holz gefertigt wurde.

VON MILBOURN EINGEFÜHRTE ÄNDERUNGEN

William Leybourn sagt in seinem Vorwort „An den Leser" in seinem Werk „The Line *of Proportion or Numbers, Commonly Called Gunter's Line, Made Easie* ", London, 1673:

Die Proportions- oder Zahlenlinie, von Kunsthandwerkern allgemein als Günterlinie bezeichnet, wurde von mehreren Personen besprochen und auf verschiedene Weise auf verschiedene Zwecke angewendet; denn als Herr Gunter es von den Tabellen zu einer Linie gebracht und einige Verwendungen davon geschrieben hatte, fügte Herr Wingate verschiedene Linien verschiedener Längen hinzu, um so die Quadrat- oder Kubikwurzeln zu extrahieren, ohne den Abstand der Zirkel zu verdoppeln oder zu verdreifachen: Nach ihm ordnete Herr Milbourn, ein Gentleman aus Yorkshire, es in einer Serpentinen- oder Spirallinie an und vergrößerte dadurch die Teilungen der Linie.

Auf den Seiten 127 und 128 fügt Leybourn hinzu:

> Wieder einmal fertigte ein gewisser T. Browne, ein Hersteller mathematischer Instrumente, es in einer Serpentinen- oder Spirallinie an, die aus verschiedenen Concentrick- Kreisen bestand, um so die Unterteilungen zu vergrößern , was die Erfindung eines gewissen Mr. Milburn, einem Gentleman aus Yorkshire, war, der es schrieb , und teilte seine Verwendungen dem oben genannten Brown mit, der es (seit seinem Tod) sich selbst zuschrieb: Aber wer auch immer der Erfinder davon war, es ist nicht ohne Unannehmlichkeiten; denn es kann in keiner Weise tragbar gemacht werden; und außerdem muss (anstelle von Zirkeln) ein öffnender Joynt mit Terzen [Fäden] platziert werden, um sich in der Mitte des Instruments zu bewegen, ohne den keine Proportionen geschaffen werden können.

, die am 13. August [1646?] im Tagebuch des Antiquars Elias Ashmole genannt wurde; „Ich habe von Herrn Milbourn alle seine Bücher und mathematischen Instrumente gekauft." [8] Charles Hutton [9] sagt, dass Milburne aus Yorkshire die Spiralform um 1650 entworfen hat. Dieses Datum ist zweifellos falsch, denn Thomas Browne, der laut Leybourn die Spiralform der Linie von Milbourn übernommen hat, wird von William Oughtred wiederholt erwähnt in seinem *Brief* [10], der irgendwann im Jahr 1632 oder 1633 gedruckt wurde. Oughtred erwähnt Milbourn nicht und sagt (Seite 4), dass die Spiralform „zum ersten Mal von einem gewissen Thomas Browne a Joyner entdeckt wurde. . . Die schlangenförmige Revolution besteht nur aus zwei echten Halbkreisen, die auf mehreren Zentren beschrieben werden." [11]

VON THOMAS BROWN UND JOHN BROWN EINGEFÜHRTE ÄNDERUNGEN

Thomas Brown veröffentlichte keine Beschreibung seines Instruments, aber sein Sohn John Brown veröffentlichte 1661 ein kleines Buch, [12] in dem er (Vorwort) sagt, dass er „wie Mr. Oughtred mit Gunter's Rule, zu a Schiebe- und Kreisform; und wie mein Vater Thomas Brown in eine Schlangenform; oder als Mr. Windgate in seiner *Proportionsregel* ." Er sagt auch: „Diese kurze Berührung der Serpentinenlinie habe ich zu behaupten gewagt, um zu sehen, ob ich die Erfüllung dieses Versprechens herbeiführen könnte, das von seinen Versprechenden so lange nicht erfüllt wurde." Dementsprechend gibt er in Kapitel XX eine Beschreibung der Serpentinenlinie, „erfunden in fünf (oder vielmehr 15) Windungen". Ob diese 1661 gedruckte Beschreibung genau zu dem Instrument passt, wie es 1632 entwickelt wurde, wissen wir nicht. John Brown sagt:

1. Als nächstes besteht das Zentrum aus zwei Kreisen, die einer in 60, der andere in 100 Teile geteilt sind, um die Minuten auf 100 Teile zu reduzieren, und umgekehrt.

2. Sie haben in sieben Umdrehungen zwei Einschnitte und fünf in Unterteilungen, wobei der erste Radius der Sinuslinien (oder Tangenten , je nachdem wie die ersten drei Grad) bei 5 Grad und 44 Minuten endet.

3. Drittens haben Sie in 5 Windungen die Linien der Zahlen, Sinus, Tangenten, in drei Margen in Divisionen, und die Linie der versierten Sinus in Stichen, unter der Linie der Tangenten, gemäß Herrn Günters Kreuzstab: *die* Sinus und Tangenten, beginnend bei 5 Grad und 44 Minuten dort, wo der andere endete, und fortfahrend bis 90 in den Sinus und 45 in den Tangenten. Und die Zahlenreihe, die bei 10 beginnt und bis 100 geht, ist ein ganzer Radius und ist in so viele Unterteilungen unterteilt, wie die Größe des Instruments zulässt, nämlich 10 bis 10, 50 in 50 Teile und von 50 bis 100 in 20 Teile in einer Steigerungseinheit, aber die Tangenten werden vom Anfang bis zum Ende sowohl im ersten, zweiten als auch im dritten Radius in einzelne Minuten unterteilt , und die Sinus in Minuten; auch von 30 Minuten auf 40 Grad und von 40 auf 60 alle zwei Minuten und von 60 auf 80 in jeder 5. Minute und von 80 auf 85 in jeder 10. Minute, und der Rest so viele, wie man gut entdecken kann.

Die versierten Sinuslinien werden nach der Art von Herrn *Günters* Kreuzsystem gesetzt und in alle 10 Minuten unterteilt, beginnend bei 0 und dann unter der Tangentenlinie rückwärts bis 156.

4. Viertens, jenseits der Tangente von 45 in einer einzigen Linie, denn eine Drehung ist die Sekante auf 51 Grad, was nichts anderes ist als die Sinuslinien, die über 90 hinaus wiederholt werden .

5. Fünftens haben Sie die Tangentenlinie über 45, in 5 Drehungen bis 85 Grad, wodurch alle Probleme des Rückwärtsarbeitens vermieden werden.

6. Sechstens haben Sie in einem Kreis die 180 Grad eines Halbkreises und auch eine Linie natürlicher Sinuslinien, um Unterschiede in Sinuslinien zu ermitteln, um Stunde und Azimut zu ermitteln.

7. Siebtens: Als nächstes ist der Rand oder die äußerste Kante eine Linie aus gleichen Teilen, um den Logarithmus einer beliebigen Zahl oder den Logarithmus, Sinus und Tangens einer beliebigen Arche oder eines beliebigen Winkels an vier Figuren außer dem Carracteristick zu erhalten .

8. Und schließlich sind im Raum zwischen dem Ende der mittleren fünf Windungen und einer Hälfte des Kreises drei Stichlinien zur Reduzierung angebracht. Die oberste Zahl steht für Schilling, Pence und Farthing. Das nächste für Pfund, Unzen und Viertel des kleinen *Averdupoies-* Gewichts. Letzteres für Pfund, Schilling und Pence, und wie folgt zu verwenden: Wenn Sie 16 Sekunden reduzieren würden. 3d. 2q. Um einen Dezimalbruch zu machen, legen Sie das Haar oder die Kante eines der Beine des Index auf 16. 3½ in der Linie von 1. sd und schneiden Sie das Haar in die gleichen Teile 81 16; und im Gegenteil, wenn Sie einen Dezimalbruch haben und ihn auf einen richtigen Bruch reduzieren würden, könnten Sie das Gleiche für Schilling, Pence, Pfund und Unzen tun.

Die Verwendung der Zeilen folgt.

Über die Verwendung dieser Zeilen werde ich an dieser Stelle nur wenig sagen, und das aus zwei Gründen. Erstens, weil dieses Instrument so konstruiert ist, dass man den Gebrauch schneller erlernt als jedes andere, spreche ich über die Art und Weise, wie man es benutzt, weil die Arbeit mittels erster, zweiter und dritter Radien , in Sinus und Tangenten, erfolgt immer richtig, auf die eine oder andere Weise, je nach dem Kanon, welcher auch immer es sein mag, in jedem Buch, das sich mit den Logarithmen befasst, wie *Gunter*, *Wells*, *Oughtred*, *Norwood* oder andere, wie in *Oughtred* von Seite 64 bis 107.

Zweitens und vor allem, weil die genauere und ausführlichere Handhabung davon mehr als versprochen ist, wenn sie nicht bereits von fähigeren Federn und einem umfangreichen Manuskript davon von meinen *Herren durchgeführt wurde* meanes , vor vielen Jahren zur Verfügung gestellt, obwohl bis heute nicht in gedruckter Form vorhanden; Um seinetwillen behaupte ich mein Interesse daran und erlaube mir, Ihnen diese wenigen Zeilen vorzulegen, damit Sie sie nutzen können: Und erste Anmerkung:

1. Welches der beiden Beine auch immer auf den ersten Term in der Frage eingestellt ist, den ich immer das erste Bein nenne, und das andere, das auf den zweiten Term gesetzt ist, das zweite Bein nenne. . .

Die genaue Art des Geräts mit den „zwei Beinen" wird nicht beschrieben, aber es handelte sich wahrscheinlich um einen flachen Zirkel, der an der metallischen Oberfläche befestigt war, auf der die Schlangenlinie gezeichnet wurde. In diesem Fall handelte es sich bei dem Instrument um einen Rechenschieber und nicht um eine Form von Günters Linie. In seiner Veröffentlichung von 1661, wie auch in späteren Veröffentlichungen, [13] widmete John Brown den Waagen von Günter, die die Verwendung eines separaten Zirkels erforderten, mehr Raum als den Rechenschiebern.

LEYBOURN EINGEFÜHRTE ÄNDERUNGEN

Die gleiche Bemerkung trifft auf William Leybourn zu, der, nachdem er über Seth Partridges Rechenschieber gesprochen hat, zu den Formen von Gunters Skala zurückkehrt und sagt: [14]

Es gibt noch eine andere Möglichkeit, über diese Proportionslinie zu verfügen, indem man eine Linie mit der vollen Länge des Lineals und eine andere Linie mit demselben Radius in zwei Teile zwischen 3 und 4 bricht; Damit Ihre Kompasse bei der Arbeit nie aus der Reihe geraten: Dies ist eine der besten Vorrichtungen, aber hier müssen Kompasse verwendet werden. Dies sind alle Erfindungen, die ich bisher von diesen Linien gesehen habe: Das, wovon ich hier spreche und zeigen werde, wie man es benutzt, sind nur zwei Linien mit ein und demselben Radius, die auf einem einfachen Lineal beliebiger Länge (dem ...) angebracht sind Je größer, desto besser) mit dem Anfang einer Linie und dem Ende einer anderen Linie, wobei die Unterteilungen jeder Linie so nahe beieinander liegen, dass Sie, wenn Sie eine Zahl auf einer der Linien finden, leicht erkennen können, welche Zahl ihr gegenübersteht auf der anderen Leitung. Das ist die ganze Variation . . . .

Beispiel 1. Wenn ein Brett 1 Fuß und 64 Teile breit ist, wie viel Länge dieses Bretts ergibt einen Fuß im Quadrat? Suchen Sie auf einer Ihrer Linien (egal welche) nach 1 Fuß 64 Teilen, und genau daneben auf der anderen Linie werden Sie 61 finden; und so viele Teile eines Fußes ergeben ein Quadratfuß dieses Brettes.

Diese Erfindung löst die Gleichung 1,64 $x = 1$ und ergibt zentesimale Teile eines Fußes.

James Atkinson [15] spricht von „Gunters Skala" als „normalerweise von Buchsbaum". . . üblicherweise 2 Fuß lang, 1½ Zoll breit" und „von zwei Arten: *langer Gunter* oder *einzelner Gunter* und der *gleitende Gunter*" . Es scheint, dass die Günter-Skala im 17. Jahrhundert (und lange danach) ein Konkurrent des Rechenschiebers war.

III.
RICHARD DELAMAINS GRAMMELOGIA

Wir beginnen mit einer kurzen Darstellung der Beziehungen zwischen Oughtred und Delamain . Einst wurde Delamain , ein Mathematiklehrer in London, von Oughtred bei seinen Mathematikstudien unterstützt. Im Jahr 1630 veröffentlichte Delamain die *Grammelogia* , eine Broschüre, die einen kreisförmigen Rechenschieber und seine Verwendung beschrieb. 1631 veröffentlichte er ein weiteres Traktat über *den Horizontalquadranten* . [16] Im Jahr 1632 erschien Oughtred's *Circles of Proportion* [17] wurde von einem anderen Schüler, William Forster, aus Oughtreds lateinischem Manuskript ins Englische übersetzt , in dessen Vorwort Forster den Vorwurf erhebt (ohne Delamain zu nennen), dass „ein anderer ...“ . . wollte sich mit der neuen Erfindung beschäftigen . Dies führte zu mündlichen Auseinandersetzungen und dazu, dass Delamain mehrere Ergänzungen zur *Grammelogia* veröffentlichte , in denen er weitere Entwürfe kreisförmiger Rechenschieber beschrieb und auch seine Seite der erbitterten Kontroverse darlegte, ohne jedoch den Namen seines Gegners zu nennen. Oughtreds *Der Brief* wurde als Antwort veröffentlicht. Jeder Kämpfer beschuldigt den anderen, die Erfindung des kreisförmigen Rechenschiebers und des horizontalen Quadranten gestohlen zu haben.

GRAMMELOGIA

Or, the Mathematicall Ring.

Extracted from the *Logarythmes*, and projected Circular: Now publishe[d]
inlargement thereof unto any magnitude fit for use : shewing any rea[son]
able capacity that hath not *Arithmeticke*, how to resolve and work[e]
all ordinary operations of *Arithmeticke*:
And those that are most difficult with greatest facilitie, the ex[tracti]
on of *Rootes*, the valuacion of *Leases*, &c the measuring of *Plaines* and s[olids]
with the resolution of *Plaine* and *Sphericall Triangles* applied to th[e]
Practicall parts of *Geometrie, Horologographie, Geographie,*
Fortification, Navigation, Astronomie, &c.
And that onely by an ocular inspection, and a Circular motion, Invent[ed]
first published, by *R. Delamain*, Teacher, and Student of the *Mathemat*[icks]
Natura sgoreta tempus aperit.

Die beiden Titelseiten der Ausgabe der GRAMMELOGIA im British Museum in London, die wir „ Grammelogia IV" genannt haben.

Es gibt mindestens fünf verschiedene Ausgaben oder Abdrücke der *Grammelogia* , die wir der Einfachheit halber wie folgt bezeichnen:

Grammelogia I , 1630. Ein Exemplar in der Cambridge University Library. [18]

Grammelogia II , ich habe kein Exemplar davon gesehen.

Grammelogia III , ein Exemplar in der Cambridge University Library. [19]

Grammelogia IV , ein Exemplar im British Museum, ein weiteres in der Bodleian Library, Oxford. [20]

Grammelogia V , ein Exemplar im British Museum.

Bei *Grammelogia I* sind die ersten drei Blätter und das letzte Blatt ohne Seitennummerierung. Das erste Blatt enthält die Titelseite; das zweite Blatt, die Widmung an den König und das Vorwort „An den Leser"; das dritte Blatt, die Beschreibung des Mathematischen Rings . Dann folgen 22 nummerierte Seiten. Zusammen mit den nicht nummerierten Seiten umfasst die Broschüre insgesamt 30 Seiten. Lediglich die ersten drei Blätter dieser Broschüre werden in *Grammelogia IV* und *V weggelassen* .

In *Grammelogia III beginnt* der *Anhang* mit der Seite 52 und trägt die Überschrift „Schlussfolgerung"; Es endet mit Seite 68, die dieselben zwei Gedichte über den mathematischen Ring enthält, die auf der letzten Seite von *Grammelogia I aufgeführt sind* , sich jedoch in der Schreibweise einiger Wörter geringfügig unterscheiden. Die 51 Seiten, die ursprünglich Seite 52 vorangegangen sein müssen, haben wir nicht gesehen. Die Ausgabe, die diese enthält, haben wir *Grammelogia II* genannt . Der Grund für das Weglassen dieser 51 Seiten kann nur vermutet werden. Bei Oughtred *Epistel* (S. 24) heißt es, dass Delamain Thomas Brown eine Kopie der *Grammelogia gegeben hatte* und dass Delamain zwei Tage später um die Rückgabe der Kopie bat, „weil er darin einige Dinge gefunden hatte, die geändert werden mussten" und „Den gesamten mittleren Teil vermieten." Delamain bemühte sich, „sich an alle Bücher zu erinnern, die er herausgegeben hatte (und es waren viele), bevor er *Brownes Lines* sah ." Oughtred behauptete, Delamain habe diese Spirallinien von Brown bestohlen. Das Titelblatt und Seite 52 sind die einzigen Teile des *Anhangs*

, wie er in *der Grammelogia III angegeben ist* , die in der *Grammelogia IV* und *V fehlen* .

Grammelogia IV entspricht voll und ganz der Beschreibung von Delamains Broschüre in Oughtreds *Brief* . Es wurde 1632 oder 1633 herausgebracht, denn der scheinbar neueste Teil enthält einen Hinweis (Seite 99) auf die *Grammelogia I* (1630) mit der Aussage, dass sie „jetzt mehr als zwei Jahre zurückliegt". Darüber hinaus bezieht es sich auf Oughtreds *Circles of Proportion* , 1632, und Oughtreds Antwort in der *Epistel* wurde in die *Circles of Proportion* mit dem *Zusatz* von 1633 eingebunden. Der Einfachheit halber nummerieren wir die beiden Titelseiten von *Grammelogia IV* , „Seite (1)" und „Seite (2)", wie es Oughtred in seinem *Brief tut* . *Grammelogia IV* umfasst also 113 Seiten. Die von uns vergebenen Seitenzahlen werden in Klammern gesetzt, um sie von den Seitenzahlen zu unterscheiden, die in *Grammelogia IV abgedruckt sind* . Die Seiten (44)–(65) sind die gleichen wie die Seiten 1–22, und die Seiten (68)–(83) sind die gleichen wie die Seiten 53–68. Daher sind nur auf 38 Seiten Seitenzahlen aufgedruckt. Die Seiten (67) und (83) sind bis auf einige Druckfehler im Wortlaut identisch; Sie enthalten Verse zum Lob des *Rings* und am unteren Ende steht das Wort „ Finis ". Außerdem stimmen die Seiten (22) und (23) im Wortlaut mit der Seite (113) überein, die in feinerer Schrift gehalten ist und eine Werbung für einen Teil der Grammelogia IV enthält, in der die Art und Weise der Abstufung der Zirkelregeln *erläutert wird* . Es gibt insgesamt sechs Teile von *Grammelogia IV* , die mit einer Ansprache an den Leser beginnen oder enden, also: „An den Leser", „Höflicher Leser" oder „An den höflichen und wohlwollenden Leser". . .", nämlich die Seiten (8), (22), (68), (89), (90), (108). In seiner *Epistel* (Seite 2) charakterisiert Oughtred den Aufbau des Buches wie folgt:

Beim Lesen. . . Ich traf auf solch ein Durcheinander und eine Verwirrung der Unzufriedenheit Zeuge , dass ich von einem neuen Wunder beeindruckt war, dass jeder Mensch so einfältig sein sollte, dass er sich mit einem solchen Durcheinander vor aller Welt blamieren würde .

Grammelogia V unterscheidet sich von *Grammelogia IV* dadurch, dass es nur die zweite Titelseite hat. Von dem Exemplar, das ich gesehen habe, ist möglicherweise die erste Titelseite abgerissen. Ein zweiter Unterschied besteht darin, dass die Seite mit der gedruckten Ziffer 22 in *Grammelogia IV* nach dem Wort „ Finis " den folgenden Hinweis enthält:

Dieses Instrument wurde in Silber oder Messing für die Tasche oder in einer anderen Größe hergestellt , im Vergleich zur Saint Clements Church ohne Temple Barre von Elias Allen.

Dieser Hinweis findet sich auch auf Seite 22 von *Grammelogia I* und *III* , *wird aber auf Seite 22 von Grammelogia V* weggelassen .

BESCHREIBUNG VON DELAMAINS INSTRUMENT VON 1630

In seiner Ansprache an König Karl I. in seiner *Grammelogia I betont* Delamain die einfache Handhabung seines Rechenschiebers , indem er erklärt, dass er „gebrauchstauglich" sei. . . sowohl zu Pferd als auch zu Fuß." Im Gespräch mit „dem Leser" erklärt er, dass er „seit vielen Jahren die Mathematik in dieser Stadt gelehrt " und sich bemüht habe, Günters Skala „durch einige Bewegungen zu verbessern, so dass sich der gesamte Körper der Logarithmen proportional zur Eins bewegen könnte." andere, je nach Anlass. Diese Einbildung fiel mir im Februar letzten Jahres [1629] ein und ich komponierte so meine *Grammelogia* oder *den Mathematischen Ring* ; wodurch man nur bei *genauer Betrachtung alle* Proportionalitäten durch den besagten Zahlenkörper in einem Augenblick hat ." Er datiert sein Vorwort auf den „ersten Januar 1630". Die fünfte und sechste Seite enthalten seine „Beschreibung der Grammelogia ", wobei der Begriff *Grammelogia* sowohl auf das Instrument als auch auf das Buch angewendet wird. Seine Beschreibung lautet wie folgt:

Die Teile des Instruments sind zwei Kreise, einer beweglich und der andere fest; Das Bewegliche ist das, an dem ein kleiner Stift befestigt ist, um es zu bewegen; den anderen Kreis kann man sich als fest vorstellen; Der Umfang des beweglichen Kreises ist in ungleiche Teile unterteilt, die mit Figuren wie folgt gekennzeichnet sind: 1. 2. 3. 4. 5. 6. 7. 8. 9. Diese Figuren repräsentieren sich selbst oder solche Zahlen, zu denen eine Chiffre oder Chiffren gehören werden hinzugefügt und je nach Anlass in *der Zahlensprache variiert* , so steht 1. für 1. oder 10. oder 100. usw. die 2. steht für 2. oder 20. oder 200. oder 2000., &c. die 3. steht für 30. oder 300. oder 3000., &c.

Nachdem er diesen letzten Punkt ausgeführt und die Dezimalunterteilungen auf den Skalen des beweglichen Kreises erklärt hat, sagt er: „Die Zahlen und Unterteilungen auf dem festen Kreis sind genau die gleichen wie auf dem beweglichen Kreis .." In dieser Veröffentlichung gibt es keine Zeichnung des Rechenschiebers. Auf den 22 nummerierten

Seiten werden die verschiedenen Verwendungszwecke des Instruments erläutert: „Wie man die Goldene Regel durchführt " (S. 1-3), „Weitere Verwendungsmöglichkeiten der Goldenen Regel" (S. 4-6).), „Begriffe oder Prinzipien, die die Anordnung oder Anordnung der Zahlen in der Goldenen Regel an ihrem wahren Platz in der Grammelogia betreffen" (S. 7-11), „Wie man eine Zahl durch eine andere dividiert" (S. 12, 13) , „Eine Zahl mit einer anderen multiplizieren" (S. 14, 15), „Zahlen im stetigen Verhältnis finden " (S. 16, 17), „Wie man die Quadratwurzel zieht", „Wie man die Kubikwurzel zieht " (S. 18-21), „Wie man die Goldene Regel durchführt " (die Proportionsregel) wird folgendermaßen erklärt:

Suchen Sie die erste Zahl im Beweglichen und bringen Sie sie zur zweiten Zahl im Festen, so dass direkt gegenüber der dritten Zahl im Beweglichen die Antwort im Festen liegt.

Wenn der Zinssatz 100,- li. beträgt. sei 8. li. Wie hoch sind im Jahr die Zinsen von 65,- li. für die gleiche Zeit.

Bringen Sie 100 im beweglichen Bereich auf 8 im festen Bereich, also ist das Verhältnis von 65 im beweglichen Bereich 5,2. im festen, und so viel ist das Interesse von 65. li. für das Jahr um 8. li. für 100. li. *pro Jahr*

.

das *Instrument* nicht entfernt wird, können Sie sofort einen Anspruch auf jeden beliebigen Geldbetrag in der beweglichen Sache erheben, siehe dessen Zinsen in der festen Sache: Der Grund dafür ergibt sich aus der *Definition von Logarithmen* .

Dies sind die frühesten bekannten gedruckten Anweisungen zur Verwendung eines Rechenschiebers. Es ist zu bemerken, dass die Beschreibung des Instruments zu Beginn keine Hinweise auf logarithmische Linien für die trigonometrischen Funktionen enthält; Es ist nur die Zahlenreihe angegeben. Doch die Titelseite versprach die „Auflösung der Plaine- und Spherical -Dreiecke". Seite 22 bringt Licht in diese Angelegenheit:

Dicke zusammengesetzt sind , ABC, so dass die Innenkante von D [B sein sollte] und die Außenkante von A entsprechend logarithmisch abgestuft *ist signes* [Sinus] und der äußere Rand von B und der innere Rand von A mit *Logarithmen* ; und dann werden auf der Rückseite die

Logarithmall- Tangenten und wiederum die *Logarithmall-Tangenten* abgestuft *signes* Im Gegensatz zu den früheren Abstufungen soll es für die Auflösung von *ebenen* und *sphärischen Dreiecken geeignet sein* .

Nach zwölf Zeilen weiterer Bemerkungen zu diesem Punkt fügt er hinzu:

Daher habe ich es von der Form her einen *Ring* und *Grammelogia* by annoligie einer *linearen Rede* genannt ; Dieser *Ring* würde funktionieren , wenn er in der *konvexen Form auf einen Durchmesser* von etwa zwei Yards projiziert würde und die Linie *entkoppelt wäre Trigonometrie* auf Sekunden, und geben Sie *proportionale Zahlen* auf sechs Stellen nur durch eine *Augenuntersuchung an* , die dies kompensieren würde *Astronomische Berechnungen* und genügen für die *Prosthaphaeresis* der Bewegungen: Aber von diesem als Gott wird Leben und Fähigkeit Gesundheit und Zeit geben.

Die nicht nummerierte Seite nach Seite 22 enthält das Patent und Urheberrecht für das Instrument und das Buch:

Während Richard Delamain , Lehrer für Mathematik , Vs ein Instrument namens Grammelogia oder den Mathematischen Ring zusammen mit einem so betitelten Booke vorgestellt hat , in dem er dessen Verwendung zum Ausdruck bringt, da es sich um seine eigene Erfindung handelt; Aus unserer gnädigen und fürstlichen Gunst haben wir dem besagten Richard Delamain und seinen Bevollmächtigten Privilegien, Lizenzen und Befugnisse für die alleinige Herstellung, den Druck und den Verkauf des besagten Instruments und Buches gewährt und jedem anderen ausdrücklich verboten, das besagte Instrument und Buch anzufertigen, zu drucken oder zu verkaufen Verkaufen Sie das besagte Instrument oder Buch innerhalb eines unserer Herrschaftsgebiete oder veranlassen Sie dessen Herstellung, Bedruckung oder Verkauf innerhalb eines Zeitraums von zehn Jahren ab dem Datum dieses Vertrages, unter Androhung unseres großen Missfallens. Gegeben unter unserer Hand und unserem Signet in unserem Palace of Westminster, am vierten Januar, im sechsten Jahr unserer Herrschaft .

DELAMAINS SPÄTERE ENTWÜRFE UND ANWEISUNGEN ZUR VERWENDUNG SEINER INSTRUMENTE

Im *Anhang* von *Grammelogia III* findet sich auf Seite 52 eine Beschreibung eines Instruments, das gegen Ende von *Grammelogia I versprochen wurde* :

nur über einen der *Kreise* meines *Rings* gesagt habe , bezog sich lediglich auf *arithmetische Proportionen* . Abschließend möchte ich auf einige Verwendungen der *Kreise* , der *logarithmischen Sinuswerte* und *der Tangenten eingehen* , die am Rand platziert *sind* sowohl der beweglichen als auch der festen *Kreise* des *Rings* in Bezug auf *alle geometrischen Proportionen* , aber zuerst die Beschreibung dieser *Kreise* .

Zuerst werden auf der Seite, auf der der *Zahlenkreis* eins ist, am Rand des Beweglichen und auch am Rand des Festen die *logarithmischen Sinusgrade abgestuft* , denn wenn man 1. im Beweglichen unter den *Zahlen* auf 1. im bringt Beim Festen können Sie am anderen Rand des Beweglichen und Festen die *Sinus sehen* , die so notiert sind: 90. 90. 80. 80. 70. 70. 60. 60. &c. bis 6.6. und jeder Grad unterteilt, und dann über die früheren Unterteilungen und Zahlen 90. 90. 80. 80. 70. 70. &c. Sie haben die anderen Abschlüsse, nämlich. 5. 4. 3. 2. 1. jeweils durch kleine Punkte geteilt.

Zweitens (wenn der *Ring* groß ist) befinden sich nahe der Außenkante dieser Seite des gegenüber den *Zahlen festgelegten Punktes* die üblichen Teilungen eines *Kreises* und die Punkte des *Kompasses* : Sie dienen der Beobachtung in *der Astronomie* oder *Geometrie* und den Sehenswürdigkeiten Zu diesen Abteilungen gehörende Einheiten können auf dem beweglichen *Kreis platziert werden* .

Drittens stehen diesen *Sinus* auf der anderen Seite die *Logarithmall-Tangenten gegenüber* , die sowohl im beweglichen als auch im festen Zustand gleichermaßen bezeichnet werden, also 6.6.7.7.8.8.9.9.10.10.15.15.20.20. &C. bis 45,45. welche Zahlen oder Divisionen auch für ihre *Ergänzungen* zu 90 dienen. also 40 gr. steht für 50. gr. 30. gr. für 60 gr. 20.gr. für 70.gr. &C. Jeder Grad hier, sowohl im beweglichen als auch im festen, ist auch in Teile unterteilt. Was die Abschlüsse betrifft, die unter 6 liegen, nämlich. 5.4.3.2.1. Sie sind mit kleinen Ziffern über diesem geteilten *Kreis* von 45.40.35.30.25 notiert. &C. und jeder dieser Grade ist sowohl im beweglichen als auch im festen Bereich durch kleine Punkte in Teile geteilt.

Viertens befindet sich am anderen Rand des beweglichen Teils auf derselben Seite eine weitere Tangententeilung , wie die zuvor beschriebene. Und im Gegensatz dazu gibt es in der Regel eine Abstufung *der logarithmischen Sinuswerte* in allem, was der ersten Beschreibung der Sinuswerte auf der anderen Seite entspricht.

Fünftens ist am Rand des *Rings* ein Teil des *Äquators* abgestuft , nummeriert von 10, 20, 30, bis 100, und daran schließen sich die Grade des *Meridians* an vergrößert und so nummeriert von 10 20,30 bis 70. Jeder Grad sowohl des *Äquators* als auch *des Meridians* ist in Teile unterteilt; Diese beiden abgestuften *Kreise* dienen der Lösung solcher *Fragen* , die uns betreffen *Breitengrad* , *Längengrad* , *Rumb* und *Entfernung* in *Nauticall* -Operationen.

Sechstens kann der Konkavität des *Rings ein Kreis* hinzugefügt werden , der für jeden *Breitengrad* erhöht oder gesenkt werden kann , der den *Äquator darstellt* und so in Stunden und Teile mit einer *Achse unterteilt wird* , um sowohl die *Stunde* als auch *den Azimut* innerhalb dieses *Kreises anzuzeigen* Es kann eine *Kiste* und eine *Nadel* mit einer Fassung aufgehängt werden, in die ein *Stab hineingeschoben* werden kann, und dieser kann mit *Schindeln versehen werden* , um ihn am *Ring* und *am Stab zu befestigen* oder ihn nach Belieben abzunehmen.

Die Seiten mit den gedruckten Nummern 53–68 in der *Grammelogia III* , *IV* und *V* beziehen sich nicht auf den Streit mit Oughtred und können daher davon ausgegangen werden, dass sie vor dem Erscheinen von Oughtred veröffentlicht wurden *Proportionskreise* . Auf Seite 53, „An den Leser", sagt er:

. . . Sie können die Projektion der *Kreise* des *Rings* auf eine *Ebene* nutzen , indem Sie die Füße eines Zirkels (aber so dass sie flach sind) haben, um sich auf der Mitte dieser Ebene zu bewegen , *und* diese *Füße* so öffnen und schließen ein Paar Kompasse . _ . . Wenn nun die Füße für zwei Terme oder Zahlen in dieser *Projektion geöffnet sind* , dann können Sie den ersten Fuß zur dritten Zahl bewegen, und der andere Fuß soll die *Antwort geben* ; . . . Es hat einigen gefallen, von diesem Weg Gebrauch zu machen. Aber hier liegt eine doppelte Arbeit im Vergleich zu der des *Rings* , zum einen darin, die Füße an die zugewiesenen Zahlen anzupassen, und zum anderen darin, sie zu bewegen, wobei ein Mann das *Instrument kaum* mit einer Hand halten und ausdrücken kann die *Proportionalen* schriftlich mit dem anderen. Durch den *Ring* braucht man nichts weiter zu bringen, als eine Zahl zur anderen zu bringen, und direkt gegenüber jeder anderen Zahl ist die *Antwort* ohne eine solche

Bewegung . . . . Darüber [den Ring] schreibe ich und zeige einige Verwendungsmöglichkeiten dieser *Kreise* untereinander und in Verbindung mit anderen. . . in *Astronomie* , *Horolographie* , im Klartext *Dreiecke* Wird auf *Dimensionen* , *Navigation* , *Befestigung* usw. angewendet . . . Aber bevor ich zur *Konstruktion komme* , habe ich es für angebracht gehalten, einleitend die Wahrheit über die Abstufung dieser *Kreise zu untersuchen* . . .

Dies sind die Worte eines Praktikers, der sich für die mechanische Entwicklung seines Instruments interessiert. Dabei berücksichtigt er nicht nur Fragen der Zweckmäßigkeit, sondern auch der Genauigkeit. Das Instrument hat oder kann jetzt auch Sinus- und Tangentenlinien haben. Um die Genauigkeit der Zahlenkreise zu testen, „bringen Sie eine beliebige Zahl in der beweglichen Zahl auf die Hälfte dieser Zahl in der festen Zahl: So ergibt jede Zahl oder jeder Teil in der festen Zahl ihr Doppeltes in der beweglichen Zahl, und so können Sie es mit den Dritteln versuchen .“ , Quarten &c. der Zahlen, *vel contra* “ (S. 54). Auf Seite 55 finden Sie zwei kleine Zeichnungen mit der Aufschrift „Eine Art der Ringe und Schema dieser logarithmischen Projektion, die Verwendung folgt . “ Diese Instrumente werden in Silber oder Messing von John Allen in der Nähe des Sauoy in the Strand hergestellt .“

IV.
Kontroverse zwischen Oughtred und Delamain über die Erfindung des kreisförmigen Rechenschiebers

Delamains Veröffentlichung von 1630 über den „Mathematischen Ring" scheint damals keinen Bruch zwischen ihm und Oughtred verursacht zu haben . Als Delamain 1631 seinen *„Horizontal Quadrant"* herausbrachte , dessen Erfindung Delamain später von Oughtred gestohlen haben soll , stand Delamain immer noch in engem Kontakt mit Oughtred und schickte Oughtred in das Arundell House in London, die Blätter, wie sie gedruckt waren. Oughtreds Hinweis darauf in seinem *Brief* (S. 20), der nach dem Bruch der Freundschaft verfasst wurde, lautet wie folgt:

> horizontalen Quadranten druckte , konnte er nicht umhin zu wissen, dass es mir im Hinblick auf meine kostenlose Schenkung an Master *Allen* und *William Forster* , dessen Übersetzung meiner Regeln gerade erscheinen sollte, schadete: Doch meine Gutmütigkeit und seine Schamlosigkeit waren so groß, dass er mir jeden Tag, wenn irgendein Blatt gedruckt wurde, dasselbe in meine Kammer im Haus Arundell schickte oder brachte, damit ich es durchsah, was ich liebevoll und aufrichtig tat und ihm mein Urteil mitteilte davon.

Auch nach Forsters Veröffentlichung von Oughtred's *Circles of Proportion* , 1632, hatte Oughtred ein Buch, *A canon of Sines Tangents and Secants* , das er von Delamain ausgeliehen hatte und dann zurückgab (*Epistel* , Seite (5)). Die Angriffe, die Forster im Vorwort zu den *Circles of Proportion* gegen Delamain machte (wobei er Delamain nicht namentlich nannte), lösten den Streit aus. Ohne Forster und andere Schüler von Oughtred , die ihn drängten, Delamain zu geißeln , wäre die Kontroverse vielleicht nie entstanden. Forster äußerte sich unter anderem wie folgt:

> . . . Ich war während der langen Ferien im Jahr 1630 auf dem Land im Haus des Reverend und meines würdigsten Freundes und Lehrers, Herrn William Oughtred (dessen Unterricht ich sowohl meine Einführung als auch meinen ganzen Fortschritt in diesen Wissenschaften verdanke). .) Ich erzählte ihm bei einer Ansprache von einem Lineal für Zahlen, Sinus und Tangenten, das man anfertigen sollte (wie es später Mr. Gunters Lineal genannt wurde) mit einer Länge von 6 Fuß, um es mit einem Payre zu vergleichen von Beame - Kompassen. „Er antwortete, das sei eine schlechte Erfindung und die Ausführung sehr mühsam: Aber, sagte er, als er sah, dass Sie von solchen Mechaniken angetan sind Ich werde Ihnen zeigen, was für

Instrumente ich seit vielen Jahren bei mir habe . Und zuerst brachte er mir zwei Herrscher dieser Art vor, die man ohne Zirkel durch Aneinanderlegen eines Herrschers messen sollte . Danach zeigte er mir die Linien, die zu einem Kreis oder Ring geformt waren, mit einem weiteren beweglichen Kreis darauf . Ich sehe die große Zweckmäßigkeit dieser beiden Wege ; aber vor allem von letzterem, wo es weit geht übertrifft jedes andere Instrument, das ich kenne ; sagte ihm, ich wunderte mich, dass er so viele Jahre alt werden konnte verberge solch ein Unheil Eindrücke , nicht nur aus der Welt, sondern auch von mir selbst , dem er in anderen Teilen und Mysterien der Kunst so großzügig gegenübergestanden hatte . Er antwortete: „Dass der wahre Weg der Kunst nicht in Instrumenten liegt, sondern in der Demonstration: und dass es ein absurder Kurs vulgärer Lehrer ist, mit Instrumenten und nicht mit den Wissenschaften zu beginnen und so statt mit Künstlern zu beginnen." Machen Sie ihre Scholler nur zu Betrügern und sozusagen zu Iuglern : zum Missfallen der Kunst, zum Verlust kostbarer Zeit und zum Verrat an willigen und fleißigen Köpfen, zu Unwissenheit und Müßiggang . Dass die Kunst der Instrumente zwar ausgezeichnet ist, wenn man ein Künstler ist, aber verächtlich, da sie der Kunst gegenübersteht und ihr widerspricht. Und schließlich wollte er mir die Fähigkeiten im Umgang mit Instrumenten empfehlen, aber zuerst wollte er mich gut in den Wissenschaften unterweisen . Er zeigte mir auch viele Notizen und Regeln für den Vortrag dieser Kreise und seines Horizontalinstruments (das er etwa 30 Jahre zuvor entworfen hatte), das größtenteils in Latein geschrieben war . Alles, was ich von ihm erhalten habe, war es , ihn ins Englische zu übersetzen und öffentlich zu machen , zum Nutzen und Nutzen derjenigen, die fleißig waren und sich mit diesen hervorragenden Wissenschaften beschäftigten .

Was ich mit reifer und gewissenhafter Sorgfalt (wie es mir meine Gelegenheiten erlaubten) zu tun begann : Ein anderer, dem der Autor in zweifelhaftem Vertrauen diese Absicht mit mehr Eile als guter Geschwindigkeit verriet , machte sich daran, mich damit zu befassen ; Über die rechtzeitige Geburt und die voreilige (wenn nicht sogar umgehende) Vorwärtsgewandtheit sage ich nichts mehr; bitte aber den fleißigen Leser, ihm nur so weit zu vertrauen, dass er sicher sein wird , dass er der Wahrheit und der Kunst zustimmt.

Während in dieser Widmung von einem Rechenschieber oder „Ring" mit einem „beweglichen Kreis" die Rede ist, besteht das in den *Proportionskreisen tatsächlich beschriebene Instrument* aus festen Kreisen „mit einem *Index*, der nach Art eines Zirkels geöffnet werden kann . " ." Wie

wir gesehen haben, hatte Delamain entschieden den beweglichen Kreis
bevorzugt. Für Oughtred hingegen war ein Entwurf ungefähr so gut wie
der andere; er war eher ein Theoretiker und äußerte immer wieder seine
Verachtung für mathematische Instrumente. In seinem *Brief* (Seite (25))
sagt er, er habe nicht „die eine Hälfte meiner Absichten darauf" (die Regel
in seinem Buch), noch eine mit einem „beweglichen Kreis und einem
Faden, sondern mit einem Anfangsindex". Das Zentrum (wenn es Grund
genug dafür gibt, dass es nicht dasselbe, sondern ein anderes Instrument
ist) für meinen Teil lehne ich es ab: Es kann sich auf die Suche nach einem
anderen Meister machen, der sich, wie ich weiß, als *Elias Allen erweisen wird*
Er selbst : denn nur auf seine Bitte hin änderte ich meine Regeln ein wenig
von der Verwendung des beweglichen Kreises und des Fadens bis hin zu
den beiden Armen eines Index."

Alle Teile von Delamain *Grammelogia IV wurde, mit Ausnahme der oben
betrachteten Seiten 1-22 und 53-68, nach den Circles of Proportion* veröffentlicht,
da sie Hinweise auf die Misshandlungen enthalten, die Delamain in dem
von veröffentlichten Buch empfand oder zu empfinden glaubte Oughtred
und Forster. Oughtreds Verweis auf Lehrer, deren Schüler „Trickträger"
und „ Iugler " sind, und Forsters Anspielung auf „einen anderen, dem der
Autor in liebevoller Zuversicht" das Instrument erklärte und der „sich
damit beschäftigte " , werden wiederholt erwähnt. Delamain sagt (Seite
(89)), dass er zunächst nicht die Absicht hatte, sich in gedruckter Form
auszudrücken, „sondern Frieden und mein Recht auf private und
freundliche Weise suchte." Oughtreds Bericht über Delamains Verhalten
ist der eines „bösartigen Mannes" mit einer „bösartigen Zunge", „
sardonischem Gelächter" und „malapertischer Scharfsinnigkeit ". Im
Gegensatz zu Forster und Delamain sagt er, dass er von ersterem „die
allererste Form hatte " und ihm das Gefühl gab, dass „der Weg der Kunst"
„durch Demonstration" erfolgt. Aber Delamain war „bereits korrumpiert,
weil er sich mit Instrumenten beschäftigte, und völlig verloren, jemals zum
Künstler ernannt zu werden." (*Briefseite* (27)). Oughtred beteuert
wiederholt Delamains Unkenntnis der Mathematik. Die beiden Männer
hatten offensichtlich völlig unterschiedliche intellektuelle Vorlieben. Dass
Delamain Instrumente liebte, ist ganz offensichtlich, und wir beschreiben
weiterhin seine Bemühungen, den kreisförmigen Rechenschieber zu
verbessern.

Die *Grammelogia IV* ist König Karl I. gewidmet. Delamain sagt:

. . . Alles hat seinen Anfang und seine merkwürdigen *Künste* selten auf
Anhieb den Höhepunkt erreichen; Damals war es mein Versprechen,

die *Erfindung* durch eine *Entkopplung der Kreise* zu erweitern , die ich Ihrer *heiligen Majestät nun* als *Quintessenz* und *Exzellenz präsentiere* dort von . . .

Seine erweiterten kreisförmigen Regeln werden in der Kopie der *Grammelogia IV der Bodleian Library* durch vier Diagramme veranschaulicht, zwei davon sind die beiden Zeichnungen auf den beiden Titelseiten am Anfang der *Grammelogia IV* , 4 Zoll im Außendurchmesser und zeigen elf konzentrische Kreise Linien mit Graduierungen unterschiedlicher Art. Im zweiten dieser Designs sind alle Kreise fixiert. Die anderen beiden Zeichnungen haben jeweils einen Außendurchmesser von 10¾ Zoll und weisen 18 konzentrische Kreislinien auf; das gefaltete Blatt der ersten dieser Zeichnungen wird zwischen den Seiten (23) und (24) eingefügt, das zweite gefaltete Blatt zwischen den Seiten (83) und (84). Alle Kreise dieses zweiten Instruments sind fixiert. Wenn man die zwei kleinen Zeichnungen in der *Grammelogia III mitzählt, gibt es in der Bodleianischen Grammelogia IV* insgesamt sechs Zeichnungen von Rechenschiebern . Auf den Seiten (24) bis (43) erklärt Delamain die Graduierung von Rechenschiebern. Er nimmt zunächst eine Regel, die einen Kreis aus gleichen Teilen enthält, der in 1000 gleiche Unterteilungen unterteilt ist. Aus einer Logarithmentabelle erhält er log 2 = 0,301; Von der Zahl 301 im Kreis gleicher Teile zieht er eine Linie zum Mittelpunkt des Kreises und markiert den Schnittpunkt mit den Zahlenkreisen durch die Zahl 2. So fährt er mit Log 3, Log 4 usw. fort; auch mit log sin x und log tan x . Für log sin x verwendet er zwei Kreise, den ersten (siehe Seite (27)) für Winkel von 34' 24" bis 5° 44' 22", den zweiten Kreis von 5° 44' 22" bis 90°. Die Zeichnungen zeigen keine Sekunden. Er schlägt viele verschiedene Gestaltungen von Regeln vor. Auf Seite (29) sagt er:

Für die einzelne Projektion der *Kreise meines Ringes* und deren Teilung und Abstufung: die so auf die Kanten von *Kreisen des Mutes eingefügt* werden können , die in Form eines *Rings gedreht sind* , so dass sich ein *Kreis* bewegen kann Zwischen zwei Festen kann dann mit Hilfe von zwei Streben eine Abstufung auf der *Vorderseite des Rings* , am äußeren Rand des beweglichen Teils und am inneren Rand des festen Teils, dem *Kreis der Zahlen* , und dann am inneren Rand dieses beweglichen Teils erfolgen *Kreis* , und der äußere Rand dieses inneren festen Kreises kann als *Sinuskreis eingefügt werden* , und zwar gemäß der Beschreibung derjenigen, die normalerweise erstellt werden.

Zusätzlich zu diesen Zeilen erwähnt er den Kreis, der die gewöhnliche Einteilung in Grad und Minuten gibt, und zwei Tangentenkreise auf der anderen Seite der Regel.

Als nächstes erklärt Delamain die Anordnung aller Abstufungen auf einer Seite der Regel mittels „eines kleinen Kanals im innersten *festen Kreis* , in dem ein kleiner einzelner Index platziert werden kann, der ausreichend lang sein kann, um vom innersten Rand des Maßstabs zu reichen." der *bewegliche Kreis* bis zum äußersten Rand des *festen Kreises* , *der nach* Belieben hin und her bewegt werden kann , im Kanal , dessen Index dazu dienen kann, den Gegensatz der Zahlen anzuzeigen" (S. (31)). Daraus wird deutlich, dass die Erfindung des „Läufers" auf die allerersten Schreiber des Rechenschiebers zurückgeht.

Nachdem er eine Modifikation der obigen Anordnung beschrieben hat, fügt er hinzu: „ Über diese einzelne *Projektion* könnten viele andere Formen geliefert werden " (S. (32)).

Geht man zur „Vergrößerung" der Kreise im Ring über, zum Beispiel zum „ *Vierfachen* zum Einzelnen, das heißt zum Vierfachen Größeren", so werden die „ gleichen Teile" auf vier Kreise statt auf nur einen Kreis verteilt. aber die allgemeine Graduierungsmethode ist dieselbe wie zuvor (S. (33)); Es gibt jetzt vier Kreise, die die Logarithmen der Zahlen tragen, und so weiter. Als nächstes weist er darauf hin: „ Mehrere. " Möglichkeiten , wie die Kreise des Mathematischen Rings (die vergrößert sind) für den praktischen Gebrauch untergebracht werden können :" (1) Die Kreise sind alle in einer Ebene befestigt und bewegliche flache Zirkel (oder besser ein beweglicher Halbkreis) werden zum Fixieren zweier beliebiger Positionen verwendet ; (2) Es gibt eine „doppelte Projektion" jeder logarithmischen Linie „ vergrößert auf einer Ebene", eine fest, die andere beweglich, wie in seiner ersten Abbildung auf der Titelseite gezeigt, wobei nur ein einziger Index verwendet wird; (3) Verwendung „meines großen *Zylinders* , den ich schon lange vorgeschlagen habe (in dem alle Kreise gleich sind) . Größe) und es kann von beliebiger Größe oder Kapazität sein, aber für eine Studie (hee , das liegt in der Verantwortung) kann es einen Durchmesser von einem Yard und eine so gleichgültige Länge haben, dass es 100 oder mehr parallel fixierte Kreise enthalten kann einer an den anderen auf dem *Zylinder* , mit einem Zwischenraum zwischen jedem von ihnen, so dass es so viele bewegliche Kreise geben kann , wie es feste gibt, und die beweglichen Kreise sind miteinander verbunden oder befestigt, so dass sie sich alle gemeinsam bewegen können durch die festen in diesen Räumen, deren Ränder sowohl die festen als auch die beweglichen mit Hilfe eines einzigen Index abgestuft sind , werden die Proportionalitäten durch Opposition in dieser doppelten *Projektion* oder durch einen doppelten *Index* in einer einzigen *Projektion angezeigt* " (S. (36)).

Als nächstes folgt die detaillierte Beschreibung seines Rings „auf einer Ebene, gemäß dem Diagramm , das dem König gegeben wurde (zur Ansicht dieser Projektion) und danach des Rings selbst ". Das Diagramm ist das große, das wir zwischen den Seiten (23) und (24) erwähnt haben. Das Instrument verfügt über zwei Kreise, von denen einer beweglich ist und auf denen jeweils 13 verschiedene kreisförmige Graduierungen beschrieben sind. Die Linien auf dem festen Kreis sind: „Der Gradkreis und der Kalender", E. „Kreis aus gleichen Teilen und Teil des Äquators und Meridians", TT. „Der Tangentenkreis", S. „Der Sinuskreis", D. „Der Dezimalkreis", N. „Der Zahlenkreis." Die Linien auf dem beweglichen Kreis sind: N. „Der Kreis der Zahlen", E. „Der Kreis gleichgesetzter Figuren und Körper", S. „Der Kreis der Sinus", TT. „Der Kreis der Tangenten", Y. „Der Kreis der Zeit, Jahre und Monate ."

Auf den Seiten (84)–(88) erklärt Delamain eine Erweiterung seines Rings für Berechnungen mit Sinuswerten von Winkeln nahe 90°. Auf Seite (86) sagt er:

Ich habe die *Sinus* der *Projektion* auf zwei verschiedene fortgeführt *Revolutionen* , die bei 77.gr beginnt. 45.m. 6.s. und endet bei 90.gr. (dabei handelt es sich um die letzte *Umdrehung* der *Dekuppelung* des ersteren oder den Hundertteil dieser *Projektion*), die andere beginnt bei 86.gr. 6.m. 48.s. und endet bei 90.gr. (ist die letzte einer Dreiergruppe von *Zehnerumdrehungen* oder der Tausenderteil dieser *Projektion*) und kann auf diese Weise verwendet werden .

Er erklärt die Art und Weise, wie diese zusätzlichen Graduierungen verwendet werden. So behauptet er, einen Grad an Genauigkeit erreicht zu haben, der es ihm ermöglichte, das zu tun, was „ jemand " für „ unmöglich " erklärt hatte . Es ist kaum nötig, darauf hinzuweisen, dass Delamain *Grammelogia IV* schlägt Entwürfe von Rechenschiebern vor, die Erfinder zweihundert oder mehr Jahre später zu produzieren versuchten . Welcher von Delamain Welche Regelentwürfe tatsächlich erstellt und verwendet wurden, gibt er nicht explizit an. Er bezieht sich auf ein Lineal mit einem Durchmesser von 18 Zoll, als ob es tatsächlich gebaut worden wäre (Seiten (86), (88)). Oughtred zeigte keinerlei Wertschätzung für solche Studien bei der Gestaltung und verspottete Delamains Bemühungen in seinem *Epistel* .

Weitere Erläuterungen seiner Regelentwürfe sowie Erläuterungen zu den Beziehungen seiner Arbeit zu denen von Gunter und Napier sowie gegen Oughtred und Forster gerichtete Ausfälle finden sich auf den Seiten (8)–(21) seiner *Grammelogia IV* .

V.
UNABHÄNGIGKEIT UND PRIORITÄT DER ERFINDUNG

Die Frage der Unabhängigkeit und Priorität der Erfindung wird von Delamain auf den Seiten (89)–(113) ausführlicher erörtert; Oughtred widmet ihm seinen gesamten *Brief* . Es ist schwierig, eindeutig zu bestimmen, welche Veröffentlichung die spätere ist, nämlich die von Delamain *Grammelogia IV* oder Oughtreds *Brief* . Jeder scheint aus dem anderen zu zitieren. Wahrscheinlich liegt die Erklärung darin, dass die beiden Veröffentlichungen Argumente enthalten, die zuvor mündlich oder in privaten Briefen von einem Antagonisten zum anderen weitergegeben wurden. Oughtred bezieht sich in seinem *Brief* (S. (12)) auf einen Brief von Delamain . Wir glauben, dass der *Brief nach dem Brief* von Delamain kam *Grammelogia IV* . Delamain beansprucht für sich die Erfindung des kreisförmigen Rechenschiebers. Er sagt in seiner *Grammelogia IV* . (S. (99)): „Als ich es sah, was im *Februar* 1629 war (wie ich in meinem *Brief darlegte*), konnte ich es nicht länger verbergen und beneidete mich selbst , dass andere nichts davon schmeckten ." Ich fand, dass es einen so entzückenden und angenehmen Ziegengeschmack mit sich brachte . . ." Delamain behauptet (ohne Beweise), dass Oughtred „es nie so gesehen hat, wie er es jetzt als seine Erfindung anzweifelt , bis es so in seine Hand passste, und dass er nach der Veröffentlichung von „My *Booke* on my *Ring* "*seine ganze* Übung damit gemacht hat . und nicht vorher; Daher war es für ihn oder andere ein Leichtes , nach Weihnachten 1630 einige Verwendungen davon auf Lateinisch zu verfassen und nicht im *Sommer* davor, wie jemand fälschlicherweise behauptet . . ." (S. (91)). Delamains Vorwurf des Diebstahls seitens Oughtred kann nicht ernsthaft berücksichtigt werden. Oughtreds Ruf als Mathematiker und sein Ansehen in seiner Gemeinde sprechen gegen eine solche Annahme. Darüber hinaus ist William Forster Zeuge für Oughtred . Die Tatsache, dass Oughtred auch den geradlinigen Rechenschieber beherrschte, während Delamain 1630 nur vom Zirkellineal spricht, spricht für Oughtred Gefallen .

Oughtred sagt, er habe den Rechenschieber „vor zwölf Jahren " erfunden agoe ", das heißt um 1621, und „Ich habe mir mit meiner eigenen Hand zwei solcher Kreise gemacht, die ich seitdem verwendet habe, je nachdem, wie es meine Anlässe erforderten" (*Brief* S. (22)). Auf derselben Seite beschreibt er seine Art der Entdeckung folgendermaßen:

Ich fand, dass dafür ein um ein Vielfaches zu großes Paar Zirkel erforderlich war [bei Verwendung von Gunters Linie], die schwer zu öffnen waren , leicht abrutschten und mühsam zu bedienen waren. Daher überlegte ich mir zunächst, neben dem ersteren ein weiteres Lineal zu verwenden. Indem ich also eines auf das andere setzte und anwendete, machte ich nicht nur den Gebrauch von Zirkeln überflüssig, sondern machte die Arbeit auch viel einfacher und schneller, wenn ich es nicht tun sollte Alle brauchen die Bewegung meiner Hand, aber nur den Blick auf meinen Blick: und mit einer Position der Herrscher und einem Blick meines Auges sehe ich nicht nur eine , sondern die vielfältigen Proportionen, die sich auf die beabsichtigte Frage beziehen. Aber auch diese Möglichkeit bedurfte keiner Schwierigkeit, insbesondere bei der Linie der Tangenten, wenn sich ein Bogen in der ersteren Mitte des Quadranten und der andere in der letzteren befand: denn in diesem Fall war es notwendig, dass einer der beiden Lineale genauso lang sein musste wieder wie das andere; oder dass ich eine Umkehrung des Herrschers und eine Regression anwenden muss. Durch diese Überlegung sah ich zunächst, dass, wenn diese Linien auf beiden Herrschern in zwei Kreise gebogen würden, sich die Tangenten in beiden verdoppelten und dass diese beiden Kreise sich aufeinander verschieben würden; Mit einem kleinen Faden in der Mitte, um die Sicht zu lenken, würden sie mit unglaublicher und wunderbarer Leichtigkeit ausreichen, um alle Fragen der Trigonometrie zu bearbeiten . . .

Oughtred sagte, er habe keine Lust, seine Erfindung zu veröffentlichen, versprach jedoch in den Ferien des Jahres 1630 schließlich William Forster, ihn eine Übersetzung herausbringen zu lassen. Oughtred behauptet, dass Delamain die Erfindung am Alhallontide [1. November 1630] von ihm erhalten habe, als sie sich in London trafen. Den Bericht über dieses Treffen geben wir nun in einer Doppelspalte weiter.

DELAMAINS AUSSAGE
Grammelogia IV, Seite (98)

„. . . über Alhalontide 1630. (als unsere *Autoren* berichtet) war die Zeit, als er *umgangen wurde* , und dann *öffnete er mir seine Absicht auf liebevolle Weise (wie zuvor)* , was ich insbesondere in der sehr nackten Wahrheit demontieren werde: denn wir gingen einige Wochen vor *Weihnachten zusammen Fishstreet Hill* , wir diskutierten über verschiedene *mathematische Dinge* , sowohl *theoretisch* als auch praktisch , und über die hervorragenden Erfindungen und Hilfsmittel , die in diesen Tagen gemacht wurden, von denen ich von den *Logarythmen nicht wenig angetan war* , und lobte den Einfallsreichtum von Mr. Gunter in der *Projektion* und der Erfindung seines *Herrschers* in den Proportionslinien, die aus

diesen *Logarythmen* für gewöhnliche *praktische Zwecke entnommen wurden* ;
Er antwortete mir (mit genau diesen Worten): „Was werden Sie zu einer
Erfindung sagen , die ich habe, die in geringerem Maße des *Kompasses*
besser funktionieren wird als die von Mr. *Gunters Ruler* ? Ich fragte ihn
dann, von welcher Form sie sei.“ Er antwortete mit einiger Pause (was
zweifellos seine Vermutung mir gegenüber untermauerte, dass ich es
mir vorstellen könnte), dass es *Arching-bedingt sei* , aber jetzt hee Er sagt
, er habe mir damals gesagt, dass es sich um *ein Rundschreiben* handelte
(aber wenn ich meinen Eid leisten müsste, um die Schuld des
Gewissens zu vermeiden, würde ich auf Ersteres schließen). Darauf
antwortete ich sofort, ich hätte das Gleiche, und so sprachen wir nicht
darüber Ein Wort, das dieses Thema näher berührt. . . Dann, nachdem
ich nach Hause gekommen war, schickte ich ihm einen Blick auf meine
Projektion Gezeichnet auf *der Tafel* : Nun gestehen Sie, dass ich die
Erfindung meines *Rings noch nicht hatte* , bevor ich darüber sprach. . . Es
war für mich nicht so einfach . . . ein so vollständiges Instrument zu
erschaffen und zu komponieren und aus einem so kleinen Prinzip oder
einem so kleinen Lichtblick ein absolutes *Instrument zu machen*. . .“

OUGHTREDS AUSSAGE
Brief , Seite (23)

„Kurz nach meinem Geschenk an *Elias Allen* traf ich zufällig *Richard
Delamain* auf der Straße (es war zur Alhallontide) und als wir zusammen
gingen , erzählte ich ihm, was für ein Instrument ich Meister *Allen
gegeben hatte* , beide Logarithmen wurden in Kreise projiziert, dessen
Durchmesser kleiner als ein Fuß ist und der genauso viel leisten würde
wie einer der Herrscher von Master *Gunters mit einer Länge von* sechs Fuß:
und auch der Prostaphaeresen der Plannets und zweiten Bewegungen.
Eine solche Erfindung habe ich ihm gesagt: denn nun begannen seine
Absichten (das ist sein Ehrgeiz) zu wirken : . . . Aber er sagte: „ *Dann ,
nachdem ich nach Hause gekommen war , schickte ich ihm einen Blick auf meine
Projektion, eingezeichnet in der Vergangenheit* .“ Sehen Sie, wie notorisch er
ohne Instrument jongliert . *Dann danach* : Wie lange danach? *Ein Blick
auf meine Projektion* : Wie viel? Mehr als sieben Wochen später, am 23.
Dezember, sandte er mir die Zahlenreihe zu, die nur auf einem Kreis
angeordnet war: . . . und nur so viel präsentierte er seiner Majestät; aber
was Sinus oder Tangens von ihm betrifft, gab es nicht den geringsten
Hinweis darauf. Er konnte Meister *Allen* auch keine Anweisung für die
Zusammensetzung der Kreise seines Rings oder für deren Aufteilung
geben : Wie Meister *Allen unter seinem Eid* bezeugen wird, wie er ihn in
die Irre geführt und dafür gesorgt hat, dass er mehr als drei Wochen
lang vergeblich arbeiten musste , bis Meister *Allen* Er selbst hat seine

Unwissenheit und seine Irrtümer herausgefunden, was klarer ist dann
ist es mit jeder Unverschämtheit möglich, überlistet zu werden."

Oughtred macht eine weitere Aussage (*Epistel* , S. (24)) wie folgt:

Delamain hörte, dass Brown mit seiner *Serpentine eine andere Linie* hatte ,
mit der er im 90- Grad -Sinus auf Minuten arbeiten konnte. . . gab das
[sein] Buch an Browne, der aus Dankbarkeit nicht umhin konnte ,
Delamain auch mit seinen *Linien zu erfreuen* und ihm den Gebrauch
derselben, insbesondere aber der *großen Linie , beizubringen* : mit dieser
Vorsicht auf beiden Seiten, in die man sich nicht einmischen sollte die
anderen Erfindung. Zwei Tage nach *Delamain* . . . weil er festgestellt
hatte, dass darin einige Dinge geändert werden könnten . . . fragte nach
dem Buch . . . aber sobald er es in seinen Händen hatte, vermietete er
den gesamten mittleren Teil mit den beiden Plänen, steckte sie in seine
Tasche und ging seines Weges. . . Und . . . bemüht sich, alle Bücher
zurückzurufen, die er herausgegeben hatte. . . Und kurz darauf ließ er
sich von einem neuen Drucker (der von seinen früheren Plänen nichts
wusste) neu drucken: Er gab ihm einen besonderen Auftrag für die
äußerste Linie, die neu in die Platte eingraviert war, was in der Tat *Brownes
Linie ist* , und änderte dann sein Buch . . .

Diese und andere Äußerungen von Oughtred scheinen Delamains Ruf zu
schädigen . Aber es ist durchaus möglich, dass Oughtreds Vermutungen
über Delamains Motive falsch sind. Darüber hinaus handelt es sich bei
einigen Aussagen Oughtreds nicht um Erkenntnisse aus erster Hand ,
sondern um reines Hörensagen. Man kann seine Fakten aus erster Hand
akzeptieren und Delamain dennoch von Fehlverhalten freisprechen. Es
besteht immer die Gefahr, dass rivalisierende Anspruchsberechtigte einer
Erfindung oder Entdeckung davon ausgehen, dass kein anderer
unabhängig auf die gleichen Erfindungen gestoßen sein könnte wie sie
selbst; Die Geschichte der Wissenschaft beweist das Gegenteil. Selten wird
eine nennenswerte Erfindung nur von einem einzigen Mann gemacht. Wir
fühlen uns nicht kompetent, über Delamains Fall zu urteilen. Wir wissen
zu wenig über ihn als Mann. Wir neigen zu der Meinung, dass die
Hypothese der unabhängigen Erfindung die plausibelste ist. Auf jeden Fall
ist Delamain in der Geschichte des Rechenschiebers als Herausgeber des
ersten Buches darüber und als enthusiastischer und geschickter Designer
von Rechenschiebern präsent.

Die Auswirkungen dieser Kontroverse auf interessierte Freunde waren wahrscheinlich gering. Zweifellos lesen nur wenige Menschen beide Seiten. Oughtred sagt: [21] „Dieser Skandal ... " .. hat mir bei denen, die ich nicht kannte , viel Vorurteil und Nachteil zugefügt .." Aubrey, [22] ein Freund von Oughtred , bezieht sich auf Delamain , „der so scharfsinnig war, gegen ihn zu schreiben" und erinnert sich, dass er „vor vielen Jahren zwanzig oder mehr gute Verse gegen Delamain geschrieben" gesehen hat . Ein anderer Freund von Oughtred , William Robinson, der einige von Delamains Veröffentlichungen gesehen hatte, aber nicht seine *Grammelogia IV* , schrieb in einem Brief an Oughtred , kurz bevor dessen *Epistel erschien* :

Ich kann nicht umhin, mich über die Indiskretion von Rich zu wundern. Delamain , der sich bewusst war, dass er nur der Taschengeldbeutel des Witzes eines anderen Mannes ist, würde so rücksichtslos einen schlafenden Löwen provozieren und wecken. . . Er hat seine eigene Arbeit so schwach (wenn auch meiner Meinung nach prahlerisch genug) gelobt . . . [23]

Delamain überreichte König Karl I. eine seiner Sonnenuhren, außerdem ein Manuskript und später ein gedrucktes Exemplar seines Buches von 1630. Eine Zeichnung seines verbesserten Rechenschiebers wurde an den König geschickt, dem die Grammelogia *IV gewidmet* ist ihn. Der König muss positiv beeindruckt gewesen sein, denn Delamain wurde zum Mathematiklehrer des Königs ernannt. Seine Witwe beantragte 1645 beim House of Lords Erleichterung; er hatte zehn Kinder. [24]

Anthony Wood gibt an, dass Karl I. am Tag seiner Hinrichtung seinem Freund Thomas Herbert befahl, „seinem Sohn, dem Herzog von York, seine große Ring-Sonnenuhr aus Silber zu geben, ein Juwel seines Majestät. " sehr geschätzt." Anthony Wood fügt hinzu: „Es wurde von Rich erfunden und hergestellt. Delamaine, ein sehr fähiger Mathematiker, der es projizierte und in einem kleinen gedruckten Buch zeigte, wie hervorragend es bei der Lösung vieler Fragen der Arithmetik und anderer seltener Operationen, die es in der Mathematik ausführt, geeignet ist." [25]

VI. OUGHTRED'S MESSLINIE, 1633

Bisher war nicht allgemein bekannt, dass Oughtred einen geradlinigen Rechenschieber zum Messen entwarf und 1633 eine Beschreibung davon veröffentlichte. [26] In seinen *Proportionskreisen* , Kapitel IX, hatte Oughtred eine nähere Annäherung als die von Gunter für die vorgeschlagen Kapazität der Fässer. Der Londoner Gauger wandte sich gegen Oughtred , weil er sich anmaßte, alles in Frage zu stellen, was Gunter geschrieben hatte. Die anschließende Diskussion führte zu einer Einladung der Company of Vintners an den Instrumentenbauer Elias Allen, Oughtred zu bitten , einen Messstab zu entwerfen. [27] Dies tat er und Allen erhielt einen Auftrag für „Three-score"-Instrumente. Auf Seite 19 beschreibt Oughtred seinen „Gauging Rod":

Es besteht aus *zwei Linealen aus Messing mit einer Länge von* etwa 32 Ynch , die außerdem einen halben Ynch breit und einen viertel Ynch dick sind. . . An einem Ende dieser beiden Lineale befinden sich *zwei kleine* Messingfüße , die fest befestigt sind: Durch diese werden die Lineale zusammengehalten und können sich übereinander bewegen und je nach Bedarf auf jede beliebige Länge ausgezogen werden Wenn Sie sie auf die richtige Länge gebracht haben, befindet sich an einer der Buchsen *ein langer Scrue -Pin* , um sie schnell zu schaben .

Auf drei Seiten der Lineale befinden sich Teilungen, wobei eine Teilung die logarithmische Zahlenreihe darstellt. Er sagt (S. 39): „Die Art und Weise , die *Gauge-Unterteilungen zu berechnen* , habe ich verborgen." W. Robinson, der ein Freund von Oughtred war , schrieb ihm wie folgt: [28]

Ich habe Licht auf Ihr kleines Buch über künstliche Messungen geworfen, von dem ich sehr angetan bin, aber ich möchte die Rute, und ich konnte damals auch keines davon zu Gesicht bekommen, weil Mr. Allen keines mehr hatte. . . Ich habe vergessen, Mr. Allen nach dem Preis für eines davon zu fragen, und wenn es nicht viel wäre, würde ich eines davon haben." Oughtred kommentierte diese Passage folgendermaßen: „Oder aus Holz, falls welche von Thompson oder einem anderen aus Holz hergestellt wurden."

Ein weiterer Bewunderer Oughtreds , Sir Charles Cavendish, schrieb am 11. Februar 1635 folgendermaßen: [29]

Ich danke Ihnen für Ihr kleines Buch, vor allem aber für die Art und Weise, wie Sie die Teilungen Ihrer Messlatte berechnen können. Ich wünschte, sowohl in ihrem eigenen als auch in Ihrem Interesse, dass die Bürger der Schärfe dieser Erfindung ebenso fähig wären, wie sie gewöhnlich gewinnsüchtig sind, und dann bezweifle ich nicht, aber sie würden Ihnen eine bessere Belohnung geben, als ich jetzt bezweifle Wille.

Am 20. April 1638 finden wir, wie Oughtred Elias Allen Anweisungen [30] „über die Entstehung der beiden Herrscher" gibt. Wie 1633 [31] braucht Oughtred auch heute einen Herrscher länger als den anderen. Dieses Instrument aus dem Jahr 1633 wurde auch als „Kreuzstab zur Messung der Höhe der Sunne oder eines Sterns über dem Horizont sowie deren Entfernungen" verwendet. Der längere Herrscher wurde *Staffe genannt*, der kürzere *Transversarie* . Während er 1633 die Längen der beiden im Verhältnis „fast 3 zu 2" annahm, nahm er 1638 „die Querlänge von drei Vierteln der Stablänge an, . . . dass die Spaltungen größer werden."

VII.
ANDERE RECHENREGELN DES 17. JAHRHUNDERTS

In meiner *Geschichte des Rechenschiebers* behandle ich Seth Partridge, Thomas Everard, Henry Coggeshall, W. Hunt und Sir Isaac Newton. [32] Von Partridge's *Double Scale of Proportion* , London, habe ich ein Exemplar aus dem Jahr 1661 untersucht, das früheste Datum für dieses Buch, das ich gesehen habe. Soweit wir wissen, ist 1661 seit Oughtred und Delamain das früheste Datum für Veröffentlichungen zum Rechenschieber . Aber es wäre nicht verwunderlich, wenn die dazwischenliegenden 28 Jahre nicht so unfruchtbar wären, wie sie derzeit erscheinen. Die Abzüge von Partridge aus den Jahren 1661 und 1662 sind bis auf das Datum auf der Titelseite identisch. William Leybourn , der Partridges Buch gedruckt hat, würdigt es in seinem eigenen Buch. [33]

Im Jahr 1661 erschien auch John Browns erstes Buch, „ *Description and Use of a Joynt-Rule* ", das bereits erwähnt wurde. In Kapitel XVIII beschreibt er die Verwendung von „Mr. „Weiße Regel" zum Messen von Brettern und Holz, rund und quadratisch. Er nennt dies eine „Schieberegel". Die Existenz einer „Weißen Herrschaft" im Jahr 1661 weist auf Aktivitäten im Design hin, über die wir bisher nur sehr wenig wissen. In seinem bereits zitierten Buch von 1761 gibt Brown eine Zeichnung von „Whites Schieberegel" (S. 193); auch eine besondere Erfindung von ihm, wie er mit diesen Worten andeutete:

Eine weitere Verbesserung des dreieckigen Quadranten, wie ich ihn mehrmals gemacht habe, mit einer verschiebbaren Abdeckung auf der Innenseite, wenn sie hohl ist, um Tinte, Stifte und Zirkel zu tragen; dann wird auf dem verschiebbaren Deckel und den Rändern die Zahlenreihe angebracht, gemäß Mr. Whites erster Erfindung für die Funktionsweise; aber durch John Brown stark erweitert und vereinfacht

.

Er gibt keine Zeichnung seines „dreieckigen Quadranten" ab, daher ist seine Darstellung davon unbefriedigend. Er erklärt die Verwendung von „Messpunkten". Seine Platzierung logarithmischer Linien an den Rändern von Instrumentenkästen wurde später von Everard an Kuriosität übertroffen, der sie auf Tabakschachteln anbrachte. [34] In Browns Veröffentlichung von 1704 wird der weiße Rechenschieber erneut erwähnt, „als eine so saubere und fertige Methode, wie sie jemals verwendet wurde". Er erzählt auch von einem „ Glasier-Schiebemaßstab". William Leybourn erklärt 1673, wie Wingates Doppel- und Dreifachlinien zum Quadrieren und Würfeln bzw. Quadrat- und Kubikwurzeln auf Rechenschiebern verwendet werden können. [35]

Schon früh in der Geschichte des Rechenschiebers, als Oughtred seinen „Messstab" entwarf, bemerken wir die Gestaltung von Maßstäben für ganz besondere Zwecke. Ein weiteres solches Gerät, das sich lange Zeit großer Beliebtheit erfreute, war das *Timber Measure by a Line* von Hen. Coggeshall, Gent., London, 1677, eine Broschüre mit 35 Seiten. Coggeshall sagt in seinem Vorwort:

> Denn was könnte einfacher und einfacher sein , als wenn man die Länge auf zwölf gesetzt hat, um den Inhalt genau am Rand oder an der Seite des Quadrats zu sehen? Bei Mr. Partridges Skala hingegen ist der Inhalt die sechste Zahl, was weitaus problematischer ist als bei Kompassen.

Eine Zeile der Coggeshall-Regel beginnt mit 4 und reicht bis 40, wobei diese Zahlen den „Girt" (ein Viertel des Umfangs) bezeichnen, der in der üblichen Praxis der Messung von Rundholz zwischen 4 Zoll und 40 Zoll liegt. Diese „Gürtellinie" gleitet „gegen die Zahlenlinie in zwei Längen, der sie genau entspricht." Eine zweite Ausgabe, 1682, zeigt einige Änderungen in der Regel sowie eine Erweiterung und Änderung des Titels des Buches selbst: *A Treatise of Measures, by a Two-foot Rule* , von HC Gent, London, 1682. Darin Die Beschreibung der Regel lautet wie folgt:

> Auf jeder Fläche dieser Regel gibt es vier Linien; zwei als nächstes die Außenkanten, die Maßlinien sind; und als nächstes die inneren Kanten, die Proportionslinien sind. Auf einer Ebene, neben den Innenkanten, befindet sich die Quadratlinie [Gürtellinie bei Rundholzmessungen] mit der Zahlenlinie als Gegenstück. Als nächstes folgt die äußere Linie, eine Zolllinie, die in Hälften , Viertel und halbe Viertel unterteilt ist; von 1 bis 12 nach einer Regel; und andererseits von 12 bis 24. Auf der anderen Fläche, neben den Innenkanten, befindet sich die doppelte Zahlenskala [zur Lösung von Proportionen]. Als nächstes wird auf einer Regel eine Zolllinie nach außen gelegt, die jeweils in zehn Teile geteilt ist; und dies zum Abmessen usw. Auf der anderen Seite ein in 100 Teile geteilter Fuß.

Später wurden weitere Änderungen in Coggeshalls Herrschaft eingeführt. [36]

Es ist erwähnenswert, dass Coggeshalls Rechenschieber „ *The Art of Practical Measurement* " in der *Acta eruditorum* , anno 1691, S. 473; daher Leupolds Beschreibung [37] des geradlinigen Rechenschiebers in seinem *Theatrum arithmetico-geometrischeum* , Leipzig, 1727, Kap. XIII, S. 71 ist nicht der früheste Hinweis auf die Geradlinigkeitsregel in deutschen Publikationen. Das obige Datum liegt sogar vor Bilers Erwähnung eines kreisförmigen Rechenschiebers in seiner *Descriptio instrumenti mathematici universalis* von 1696.

Zwei bekannte Rechenschieber zum Messen wurden von Tho beschrieben . Everard, Philomath, in seinem *Stereometry made easie* , London, 1684. Er bezeichnet seine Zeilen mit den Großbuchstaben A, B, C, D, E. Auf dem ersten Instrument *A* auf dem Maßstab und *B* und *C* auf dem Schlitten. haben jeweils zwei Zahlenradien, *D* hat nur einen, während *E* drei hat. Die zweite Regel ist in einem *Anhang beschrieben* ; Es ist 1 Fuß lang und verfügt über zwei Schieber, mit denen das Lineal auf 3 Fuß verlängert werden kann.

Everards Instrumente wurden in London von Isaac Carver hergestellt, der kurz darauf selbst eine sechzehnseitige *Beschreibung und Verwendung einer neuen Sliding Rule schrieb, basierend auf den Tabellen im Gauger's Magazine* , London, 1687, das „für William Hunt gedruckt" wurde. und in einem Band mit einem Buch von Hunt mit dem Titel *The Gauger's Magazine* , London, 1687, gebunden. Dies scheint derselbe William Hunt zu sein, der später eigene Beschreibungen von Rechenschiebern herausbrachte. Das von Carver beschriebene Instrument „besteht aus drei Teilen, von denen zwei beweglich sind und so herausgezogen werden können, dass das Ganze 36 Zoll lang ist." Es verfügt über mehrere nicht logarithmische Abstufungen sowie logarithmische Linien mit den Bezeichnungen A, B, C, D, wobei A, B, C „Doppellinien" und D eine „Einzellinie" für Quadrate und Quadratwurzeln sind. Es ist für die Bestimmung des Leerraums eines „liegenden Kugelfasses", eines „stehenden Kugelfasses" und eines „liegenden Parabolfasses" konzipiert.

Ein weiterer Autor des Rechenschiebers aus dem 17. Jahrhundert ist John Atkinson, den wir bereits erwähnt haben. Er sagt: [38] „Die Linien der Zahlen, Sinus und Tangenten, sind doppelt gesetzt, das heißt eine auf jeder Seite, während das Mittelstück gleitet: Dieses Mittelstück ist so konstruiert, dass es leicht hin und her gleiten kann, um zu gleiten heraus und auf irgendeiner Seite ganz nach oben eingefügt werden, um jene Linien zusammenzubringen (oder gegeneinander), die für die Lösung der Frage am besten geeignet sind, erstellt von *Sliding-Gunter*.“

Die in diesem Artikel vorgestellten Daten zeigen, dass die frühesten Rechenschieber vom runden Typ waren, die späteren Rechenschieber des 17. Jahrhunderts jedoch vom geradlinigen Typ. [39]

12. Januar 1915.

Fußnoten

[1] F. Cajori , *History of the Logarithmic Slide Rule and Allied Instruments* , New York, 1909, S. 7-14, auch Addenda i -vi.

[2] F. Cajori , „On the Invention of the Slide Rule", in *Colorado College Publication* , Engineering Series Vol. 1, 1910. Eine Zusammenfassung davon finden Sie in *Nature* (London), Bd. 82, 1909, S. 267.

[3] F. Cajori , *Geschichte* etc., S. 14.

[4] Art. „Rechenschieber" in der *Penny Cyclopaedia* und in der *englischen Cyclopaedia* [Arts and Sciences].

[5] Anthony Wood, *Athenae oxonienses* (Hrsg. P. Bliss), London, Bd. III, 1817, S. 423.

[6] Der vollständige Titel des Buches, das Wingate zu diesem Thema in Paris veröffentlichte, lautet wie folgt:

L'Vsage | de la | Reigle de | Anteil | de l'Arithmetique & | Geometrie . | Von Edmond Vvingate , | Gentil-homme Anglois . |

Ε ἄ ν ῆ ς φιλεμ αθ ἠ ς, ἔ ση ἤ ση π ολυμ αθ ἠ ς.

In tenui sed nõ tenuis vsusve , laborne . |

Ein Paris, | Chez Melchior Mondiere , | demeurant de l'Isle du Palais, | à la | ruë de Harley aux deux Viperes . | M. DC. XXIV. | Auec Priuilege du Roy. |

Auf der Rückseite der Titelseite steht die Ankündigung:

Beachten Sie , dass die Proportionsregel aktiviert ist kündigt an Façons se vend à Paris chez Melchior Tauernier , Graueur & Imprimeur du Roy pour les Tailles douces , demeurant de Die Isle du Palais sur le Quay betrachtet die Megisserie als den Espic d'Or.

[7] Das Titelblatt der Ausgabe von 1658 lautet wie folgt:

Die Verwendung der Proportionsregel in Arithmetik und Geometrie
. Zuerst in Paris in französischer Sprache veröffentlicht und Monsieur
gewidmet, dem einzigen Bruder des damaligen Königs (heute Herzog
von Orleans). Von Edm . Wingate, ein englischer Gent. Und jetzt
vom Autor ins Englische übersetzt. Darin wird nun auch die
Konstruktion derselben Regel und eine weitere Verwendung
derselben eingefügt. . . 2. Auflage erweitert und geändert. London,
1658.

[8] *Erinnerungen an das Leben dieses gelehrten Antiquars, Elias Ashmole ,
Esq.; Von ihm selbst als Tagebuch erstellt. Mit Anhang der Originalbriefe.*
Veröffentlicht von Charles Burman, Esq., London, 1717, S. 23.

[9] *Mathematische Tabellen* , 1811, p. 36 und Kunst. „Gunter's Line" in
seinem *Phil. und Mathematik. Wörterbuch* , London, 1815.

[10] *An den englischen Gentrie und alle anderen, die sich mit der Mathematik
befassen , die Leser hiervon sein sollen. Die gerechte Entschuldigung von Wil:
Ovghtred , gegen die Ausplünderer Anspielungen auf Richard Delamain in einer
Broschüre mit dem Titel „ Grammelogia" oder „Mathematischer Ring" oder
„Mirifica logarithmorum" . Projectio Circularis. Wir werden dieses Dokument
als Epistel* bezeichnen . Es wurde ohne Datum auf 32 nicht
nummerierten Seiten im Kleingedruckten veröffentlicht und war bei
Oughtred gebunden *Proportionskreise* , in den Ausgaben von 1633 und
1639. In der Ausgabe von 1633 wird es am Ende des Bandes direkt
nach dem *Zusatz vnto the Vse of the Instrument etc. eingefügt* , in der
Ausgabe von 1639 direkt nach dem Vorwort. In der Oxford-Ausgabe
von 1660 wurde es weggelassen. Der *Brief* wurde auch separat
veröffentlicht. Ein separates Exemplar befindet sich im British
Museum in London. Aubrey, in seinen *Brief Lives* , herausgegeben von
A. Clark, Bd. II, Oxford, 1898, S. 113 sagt kurios: „Er verfasste eine
Stichbroschüre über 163(?4) gegen . . . Delamaine .

[11] Thomas Browne wird von Stone in seinen *Mathematical Instruments*
, London 1723, p. 16. Siehe auch Cajori , *History of the Slide Rule* , New
York, 1909, S. 15.

[12] *Die Beschreibung und Verwendung einer Joynt-Regel:* . . . *auch die
Verwendung der Mr. White-Regel zum Messen von Brettern und Bauholz, rund*

und quadratisch; Mit der Art und Weise, wie man die Serpentinenlinie aus Zahlen, Sinus, Tangenten und versierten Sinus vergleicht . Von J. Brown, Philom ., London, 1661.

[13] *A Collection of Centres and Useful Proportions on the Line of Numbers* , von John Brown, 1662(?), 16 Seiten; *Beschreibung und Verwendung des dreieckigen Quadranten* , von John Brown, London, 1671; *Wingates Proportionsregel in Arithmetik und Geometrie: oder Gunters Linie . Neu korrigiert von Mr. Brown und Mr. Atkinson, Teachers of the Mathematicks* , London, 1683; *Die Beschreibung und Verwendung der Zimmermannsregel: Zusammen mit der Verwendung der Zahlenlinie, die allgemein als Gunter-Linie bezeichnet wird* , von John Brown, London, 1704.

[14] William Leybourn , *op. cit.* , S. 129, 130, 132, 133.

[15] James Atkinsons Ausgabe von Andrew Wakely *The Mariners Compass Rectified* , London, 1694 [Wakelys Vorwort datiert 1664, Atkinsons Vorwort 1693]. Atkinson fügt *einen Anhang hinzu, der die Verwendung von Instrumenten enthält, die für die Navigation am nützlichsten sind* . Unser Zitat stammt aus diesem *Anhang* , S. 199.

[16] R. Delamain , *Herstellung, Beschreibung und Verwendung eines kleinen tragbaren Instruments. . . genannt ein horizontaler Quadrant* usw., London, 1631.

[17] Oughtreds Beschreibung seines kreisförmigen Rechenschiebers von 1632 und seines geradlinigen Rechenschiebers von 1633 sowie eine Zeichnung des kreisförmigen Rechenschiebers sind bei Cajori wiedergegeben *Geschichte des Rechenschiebers* , Addenda, S. ii-vi.

[18] Der vollständige Titel der *Grammelogia I* lautet wie folgt:

Gramm ‾ elogia | oder, | Der mathematische Ring. | Zeigen (jede vernünftige Fähigkeit, die keine Arithmetik hat) , wie man Lösungen findet und arbeitet alle gewöhnlichen Operationen der Arithmetik . | Und diejenigen, die am schwierigsten sind, mit dem größten | Einrichtung : Die Gewinnung von Wurzeln, die Bewertung von | Mietverträge usw. Die Vermessung von Plaines | und Feststoffe. | Mit der Auflösung von Plaine und Sphericall | Dreiecke. | Und das nur durch eine Augeninspektion, | und ein kreisförmiger Antrag. |

Naturae Secreta Tempus Aperit . | London, gedruckt von John Haviland, 1630.

[19] *Grammelogia III* ist dasselbe wie *Grammelogia I* , mit Ausnahme des Zusatzes eines Anhangs mit dem Titel:

De la Mains | Anhang | Vpon sein | Mathematisch | Ring. Attribut nullo (praescripto tempore) vitae | vsuram nobis ingeniique Deus. | London, |

. . . Die nächsten ein oder zwei Zeilen dieser Titelseite, die wahrscheinlich das Datum der Veröffentlichung enthielten, wurden vom Ordner abgeschnitten, als er die Ränder dieser und mehrerer anderer Broschüren beschnitt, um sie zu einem Band zusammenzubinden.

[20] *Grammelogia IV* hat zwei Titelseiten. Das erste ist *Mirifica Logarithmoru ' Projectio Circularis* . Es folgt ein Diagramm eines kreisförmigen Rechenschiebers mit der Aufschrift im innersten Ring: *Nil Finis , Motvs , Circvlvs vllvs Habet* . Die zweite Titelseite lautet wie folgt:

Grammelogia | Oder der Mathematical Ring. | Aus den Logarythmen entnommen und als Rundschreiben geplant: Jetzt veröffentlicht im | Vergrößerung davon auf jede gebrauchstaugliche Größe: Angabe eines Grundes- | fähige Kapazität, die nicht arithmetisch ist , wie man sie auflöst und bearbeitet , | alle gewöhnlichen Operationen der Arithmetik : | Und diejenigen, die mit größter Leichtigkeit am schwierigsten sind , die Extraktion on of Rootes , die Bewertung von Mietverträgen usw. die Messung von Plaines und Solids, | mit der Auflösung von Plaine- und sphärischen Dreiecken, angewendet auf | Praktische Teile der Geometrie , Horologographie , Geographie | Befestigung, Navigation, Astronomie usw. | Und das nur durch eine Augenuntersuchung und eine kreisförmige Bewegung, erfunden und erstmals veröffentlicht von R. Delamain , Lehrer und Schüler der Mathematik . | Naturae Secreta Tempus Aperit . |

Es gibt kein Datum. Es folgt das Diagramm eines zweiten kreisförmigen Rechenschiebers mit der Inschrift im innersten Ring: *Typus proiectionis Annuli adaucti vt im Fazit Lybri praelo Kommissi , Anno 1630 versprochen* . In der *Grammelogia* gibt es zahlreiche Zeichnungen , die alle, mit Ausnahme der Zeichnungen der Rechenschieber auf den gravierten Titelseiten der *Grammelogia IV* und *V* , auf separate Blätter gedruckt und dann von Hand in die freien Stellen der gedruckten Seiten eingefügt wurden für sie reserviert. Einige Zeichnungen fehlen, so dass sich die Bodleian *Grammelogia IV* in dieser Hinsicht geringfügig von der Kopie im British Museum und von der Kopie der *Grammelogia V im British Museum unterscheidet* .

[21] *Epistel* , S. (8).

[22] Aubrey, *op. cit.* , Bd. II., S. 111.

[23] Rigaud, *Korrespondenz wissenschaftlicher Männer im 17. Jahrhundert* , Bd. I, Oxford, 1841, S. 11.

[24] *Wörterbuch der Nationalbiographie* , Art. „ Delamain , Richard." Siehe auch Rev. Charles J. Robinson, *Taylors' School, from AD 1562 to 1874* , Bd. I, 1882, S. 151; *Journal of the House of Commons* , Bd. IV., S. 197 *b* ; *Sechster Bericht der Royal Commission on Historical Manuscripts* , Teil I, Bericht und Anhang, London, 1877. In diesem *Anhang* , S. 82 lesen wir Folgendes:

22. Okt. [1645] Petition von Sarah Delamain , Relikt von Richard Delamain . Der Ehemann des Klägers war Diener des Königs und einer der Ingenieure Seiner Majestät für die Befestigung des Königreichs sowie sein Lehrer für mathematische Künste; aber als der Krieg ausbrach, verließ er den Hof und wurde vom Staat zu mehreren Aufgaben berufen, bei denen es um die Befestigung der Städte Northampton, Newport und Abingdon ging; und war auch als Generalquartiermeister des Fußes mit den Armeen im Ausland und starb dort. Der Kläger bleibt eine trostlose Witwe mit zehn Kindern, von denen die vier Kleinsten jetzt krank sind, und der Kläger hat nichts mehr, um sie zu ernähren. Dem Kläger stehen mehrere beträchtliche Geldbeträge zu, sowohl vom König als auch vom Staat. Betet, dass sie unter anderen Witwen etwas Erleichterung finden möge. Siehe LJ, VII. 6. 657.

[25] Anthony Wood, *Athenae Oxonienses* (Edition Bliss) Vol. IV., London, 1820, S. 34.

[26] *Die neue künstliche Messlinie oder -stange: zusammen mit Regeln für deren Verwendung: Erfunden und geschrieben von WILLIAM OUGHTRED* usw., London, 1633. Das Exemplar, das wir gesehen haben, befindet sich in der Bodleian Library, Oxford. Das Buch ist kleinformatig und hat 40 Seiten.

[27] Oughtred , *op. cit.* , P. 11.

[28] SJ Rigaud, *Correspondence of Scientific Men of the 17th Century* , Oxford, Bd. I, 1841, S. 17.

[29] Rigaud, *loc. cit.* , P. 22.

[30] Rigaud, *loc. cit.* , S. 30, 31.

[31] Oughtred , *An Addition vnto the Vse of the Instrument namens the Circles of Proportion* , London, 1633, S. 63.

[32] F. Cajori , *History of the Slide Rule* , New York, 1909, S. 16-22, Addenda, S. vi-ix.

[33] W. Leybourn , *op. cit.* , 1673, Vorwort und S. 128-29.

[34] Cajori *op. cit.* , Nachträge, S. ix.

[35] William Leybourn , *op. cit.* , 1673, S. 35.

[36] Siehe Cajori , *op. cit.* , S. 20, 28, Addenda, S. ix.

[37] Siehe F. Cajori , „A Note on the History of the Slide Rule", *Bibliotheca mathematica* , 3 F., Bd. 10, S. 161-163.

[38] John Atkinson, *op. cit.* , 1694, S. 204.

[39] Der wahrscheinlich älteste Rechenschieber, der heute existiert, gehört dem St. John's College in Oxford und hat die Form einer Messingscheibe mit einem Durchmesser von 1 Fuß 6 Zoll. Es wurde

zusammen mit anderen Instrumenten im Mai 1919 ausgestellt. Laut dem *Katalog einer Leihausstellung früher wissenschaftlicher Instrumente* in Oxford, der am 16. Mai 1919 eröffnet wurde, trägt das Instrument den Namen des Herstellers („ *Elias Allen fecit* "). und mit dem Namen des Stifters Georgius Barkham . Es ist auf das Jahr 1635 datiert, also nur drei Jahre nach der ersten Veröffentlichung von Oughtreds Beschreibung seines kreisförmigen Rechenschiebers. Im *Katalog heißt es* : „Leider fehlen alle beweglichen Teile bis auf die Grundplatte und ein paar Rändelschrauben." Auf der Vorderseite des Instruments ist das Oughtred-Zeichen eingraviert *Horizontales Instrument* . Auf der Rückseite sind elf Proportionskreise eingraviert, wie in Arthur Haughtons Buch beschrieben, von dem George Barkham eine Kopie dem St. John's College überreichte , um die Verwendung des Instruments zu erklären." Als Arthur Haughtons Oxford-Ausgabe von Oughtred *Proportionskreise* tauchten erst 1660 auf, es scheint, dass das Instrument dem College wahrscheinlich erst 1660 präsentiert wurde. Soweit bekannt, stammt der zweitälteste Rechenschieber aus dem Jahr 1654 und wird im South Kensington Museum in London aufbewahrt , und wird in *Nature* vom 5. März 1914 beschrieben. Es handelt sich um einen geradlinigen Maßstab, „aus Buchsbaum, gut gemacht und an den beiden Enden mit Messing zusammengebunden." Es ist vom quadratischen Typ, etwas mehr als 2 Fuß lang und trägt die logarithmischen Linien, die erstmals von Edmund Gunter beschrieben wurden. Davon sind die Linien *num* , *sin* und *tan* in Paaren angeordnet, identisch und zusammenhängend, wobei sich eine Linie in jedem Paar auf dem festen Teil und die andere auf der Folie befindet." Das Instrument trägt die Aufschrift „Hergestellt von Robert Bissaker für TW, 1654". Nirgendwo sonst haben wir Hinweise auf Robert Bissaker gesehen . Sein Rechenschieber scheint älter zu sein als die oben erwähnte „Weiße-Regel". [Diese Fußnote wurde am 15. Oktober 1919 hinzugefügt.]